Rabea von Cyssewski

Aus der Reihe: e-fellows.net stipendiaten-wissen

e-fellows.net (Hrsg.)

Band 1178

Vergleichende Buchrezension. "Afghanistan-Pakistan: NATO am Wendepunkt" und "Gefährliche Freundschaft: Der deutsche Einsatz in Afghanistan im transatlantischen Verhältnis"

GRIN Verlag

Bibliografische Information der Deutschen Nationalbibliothek:

Die Deutsche Bibliothek verzeichnet diese Publikation in der Deutschen National-
bibliografie; detaillierte bibliografische Daten sind im Internet über http://dnb.d-
nb.de/ abrufbar.

Impressum:

Copyright © 2014 GRIN Verlag GmbH
Druck und Bindung: Books on Demand GmbH, Norderstedt Germany
ISBN: 978-3-656-94584-0

Dieses Buch bei GRIN:

http://www.grin.com/de/e-book/296074/vergleichende-buchrezension-afghanistan-
pakistan-nato-am-wendepunkt

GRIN - Your knowledge has value

Der GRIN Verlag publiziert seit 1998 wissenschaftliche Arbeiten von Studenten, Hochschullehrern und anderen Akademikern als eBook und gedrucktes Buch. Die Verlagswebsite www.grin.com ist die ideale Plattform zur Veröffentlichung von Hausarbeiten, Abschlussarbeiten, wissenschaftlichen Aufsätzen, Dissertationen und Fachbüchern.

Besuchen Sie uns im Internet:

http://www.grin.com/

http://www.facebook.com/grincom

http://www.twitter.com/grin_com

Westfälische Wilhelms-Universität Münster

Zentrum für Niederlande-Studien

WS 2013/14

Aktuelle Tendenzen in der deutschen und niederländischen Politik: Außen-und
Sicherheitspolitik

Vergleichende Buchrezension
Der deutsche Einsatz in Afghanistan

Christoph R. Hörstel: Afghanistan-Pakistan: NATO am Wendepunkt

und

Felix Berenskötter: Gefährliche Freundschaft: Der deutsche Einsatz in
Afghanistan im transatlantischen Verhältnis

Rabea von Cyssewski

Inhaltsverzeichnis

1. Einleitung

Mit der Übergabe des Camp Kundus an die afghanischen Sicherheitskräfte fand am 6. Oktober 2013 ein Meilenstein in der Geschichte des deutschen Engagements in Afghanistan statt. Zehn Jahre lang war die Bundeswehr im Rahmen der NATO im Kundus stationiert – und im selben Zeitraum wurde der Einsatz in der Öffentlichkeit kontrovers diskutiert. Kritiker wie auch Befürworter betonten in diesem Zusammenhang stets die Bedeutung des deutsch-amerikanischen Verhältnisses für die jährlichen Mandatsverlängerungen des Bundestages – so auch Christoph R. Hörstel und Felix Berenskötter, deren Buch bzw. Artikel einander in dieser Rezension gegenüber gestellt werden sollen.

Die Monographie des Deutschen Hörstel mit dem Titel „Afghanistan-Pakistan: NATO am Wendepunkt"[1], die 2010 in Berlin im Kai Homilius Verlag erschien, umfasst 132 Seiten. Da sich der Autor in den zwei letzten Kapiteln auf 38 Seiten mit der Situation in Pakistan beschäftigt, werden diese zum besseren Vergleich in der vorliegenden Rezension vernachlässigt.

Christoph R. Hörstel ist in Fachkreisen als überaus kritischer Beobachter des NATO-Einsatzes bekannt. Als ehemaliger Journalist im öffentlich-rechtlichen Rundfunk, politischer Berater vor Ort am Hindukusch und Coach der ISAF-Bundeswehrtruppen[2] unterlegt er seine Veröffentlichungen oft mit eigenen Erfahrungen beziehungsweise mit Insiderwissen von Kollegen und verfasst seine Texte im journalistischen, stark wertenden Stil.

Berenskötters Artikel „Gefährliche Freundschaft: Der deutsche Einsatz in Afghanistan im transatlantischen Verhältnis"[3] aus dem Sammelband „Zehn Jahre Deutschland in Afghanistan", erschienen 2011 im Springer VS Verlag in Wiesbaden, hat einen Umfang von 24 Seiten und behandelt in diesem Kontext ausschließlich den Afghanistankonflikt. Nach seinem Studium der Internationalen Beziehungen lehrt der Autor heute an der Londoner Universität "School of Oriental and African Studies"[4]. Der Stil seiner Texte spiegelt seinen wissenschaftlichen Hintergrund wider.

Beide Werke beschäftigen sich mit Deutschlands transatlantischen Beziehungen und bringen den Afghanistankonflikt mit Deutschlands Rolle in der NATO in Zusammenhang. Die vergleichende Rezension soll einerseits herausstellen, wie beide Autoren den Afghanistan-

---

[1] Hörstel, C., *Afghanistan-Pakistan. NATO am Wendepunkt*, Berlin 2010.
[2] Wolf, T, *„Auch Taliban sind lernfähig"*, 27.01.2010, online unter *http://www.focus.de/finanzen/boerse/money-week-auch-taliban-sind-lernfaehig_aid_474340.html*, eingesehen am 10.03.2014.
[3] Berenskötter, F., *Gefährliche Freundschaft. Der deutsche Einsatz in Afghanistan im transatlantischen Verhältnis*, in: Brummer, K./Fröhlich, S., Zehn Jahre Deutschland in Afghanistan, Wiesbaden 2011, S. 271-298.
[4] SOAS University of London, *Department of politics and international studies. Felix Berenskötter*, 2007, online unter *http://www.soas.ac.uk/staff/staff53269.php*, eingesehen am 10.03.2014.

Einsatz beurteilen und andererseits zeigen, wie sie den Einfluss des transatlantischen Verhältnisses auf deutsche Entscheidungen am Hindukusch einschätzen. Darüber hinaus sollen Unterschiede und Gemeinsamkeiten in der Argumentationsstruktur beider Werke festgestellt werden.

2. Strukturanalyse

2.1 Gang der Argumentation

Zur Analyse der Struktur beider Texte soll hier in zwei Schritten vorgegangen werden. Zuerst wird nun der Gang der Argumentation beider Texte untersucht, das heißt, die Fragestellungen, die die Autoren in ihren Texten bearbeiten und die inhaltlichen Thesen, die zu diesem Zweck aufgestellt werden.

In einem zweiten Schritt soll die Herangehensweise der Autoren an das Thema näher betrachtet werden, also unter anderem die Verwendung von Schlüsselbegriffen, die sich herauskristallisieren und neue Erkenntnisse, die die Autoren ihren Lesern aufzeigen.

In Hörstels Fall wird zu Anfang seines Buches im Vorwort auf die zwei Thesen verwiesen, die er der Argumentation seines Buches zugrunde legt. Erstens gebe es im Hindukusch-Konflikt keine Einzellösung für Afghanistan, sondern nur ein „Gesamtpaket"[5] für Afghanistan und Pakistan gemeinsam. Zweitens sei diese gemeinsame Strategie die einzige Möglichkeit, einen langfristigen Frieden zu erzielen.

Diese Thesen können obwohl sie als Aussagen formuliert sind, als grundlegende Fragestellung der Monographie verstanden werden, denn Hörstel argumentiert im Laufe seines Buches stets ausgehend von diesen Aussagen.

Berenskötters Fragestellung lässt sich ebenfalls aus seiner Einleitung erschließen. Seine Ausführungen beziehen sich auf die Frage, ob die deutsch-amerikanischen Beziehungen und das damit verbundene deutsche Engagement in Afghanistan die eigentliche Bedrohung der nationalen Sicherheit in Deutschland seien.

Hörstels Buch besteht aus insgesamt 10 Kapiteln, wobei Kapitel 8 und 9 sich mit der Pakistan-Politik auseinandersetzen und deshalb in dieser Arbeit zum besseren Vergleich mit Berenskötters Artikel vernachlässigt werden. Die Monographie beginnt mit einem Vorwort, geht dann auf die aus seiner Sicht bisherigen westlichen Verfehlungen, die Argumentation der deutschen Regierung, den Einsatz von Uranwaffen und Hintergründe zum Kunduseinsatz Deutschlands ein. Es folgt ein offener Brief an die deutsche Regierung als Kritik an Hindukusch-Strategie sowie das umfangreichste Kapitel des Buches, in welchem Hörstel eine

---

[5] Hörstel (2010), S.7.

von ihm entwickelte Exit-Strategie für den Hindukusch-Einsatz darlegt. Abschließend folgt ein Nachwort des Autors.

Im Vergleich dazu wählt Berenskötter eine andere Herangehensweise. Seinen Artikel gliedert er in vier Kapitel, zwei davon sind Einleitung und Schluss. Im zweiten Kapitel beschäftigt er sich mit der theoretischen Grundlage, die den Rahmen für seine Ausführungen bildet, um diese danach im dritten Kapitel auf den Afghanistan-Einsatz anzuwenden.

Im Folgenden sollen die Kapitel beider Autoren einander gegenüber gestellt werden, wobei aufgrund der unterschiedlichen Kapitelanzahl zum besseren Vergleich eine Einteilung in Einleitung, Hauptteil und Schluss vorgenommen wird.

Hörstel nutzt sein Vorwort, um bereits kurz und prägnant Stellung zu nehmen. Er kritisiert Obama und dessen Kriegspolitik, die deutsche Bundesregierung und deren Verschleierungsversuche, die deutschen öffentlich-rechtlichen Medien, die ihrer Informationspflicht nicht nachkämen und die Kirche, der er unterstellt, an einem afghanischen Frieden nicht interessiert zu sein.

Das Einleitungskapitel Berenskötters beginnt mit einem Zitat des ehemaligen Verteidigungsministers Struck, die Sicherheit Deutschlands werde am Hindukusch verteidigt. Von dieser Aussage ausgehend erklärt der Autor, das Ziel seines Artikels sei, zu untersuchen, welches analytische Verständnis von Sicherheit dazu in Frage käme. Es werde eine theoretische, konstruktivistische Sicht eingenommen, mit dem Ziel, eine Verbindung zwischen der Afghanistanmission und der deutschen Sicherheitsbedrohung zu bestätigen. Der Autor lässt hierbei bereits erkennen, dass er diese Bedrohung nicht im internationalen Terrorismus sieht, sondern vielmehr in Deutschlands Beziehung zu den USA.

Hörstels Hauptteil beginnt mit einem Grundlagenkapitel, in dem der Autor seine im Vorwort bereits angerissenen Kritikpunkte näher erläutert. Der Titel „Zweifache Herausforderung und doppeltes Desaster"[6] verdeutlicht hierbei Hörstels Grundeinstellung zur bisherigen Afghanistanmission.

Seine Kritik richtet sich vorrangig an die USA, für die es gängige Praxis sei, das Bündnis nicht gleichermaßen mit Informationen zu versorgen. Im Gegenteil gebe es eine Art Vertrauensrangordnung, in denen Großbritannien an erster Stelle und Deutschland weiter unten rangieren würde. Auch liefert der Autor Beweise dafür, dass die USA absichtlich zivile Ziele aus der Luft angreifen und Uranwaffen einsetzen würden, wegen deren Folgen er dieses Vorgehen der USA als „stillen Völkermord"[7] bezeichnet.

---

[6] Hörstel (2010), S. 12.
[7] Hörstel (2010), S. 17.

Die tatsächlichen US-Interessen lägen statt in der Beendigung des Krieges, in der Umzingelung des Iran und der Begrenzung chinesischer und russischer Machtansprüche in der Region. Zweitrangig spiele hier außerdem das Interesse an der Herrschaft über eine Öl- und Gas-Pipeline entlang der iranisch-afghanischen Grenze eine zentrale Rolle in den strategischen Entscheidungen der USA.

Die Strategie der NATO führe zur Bildung und Stärkung privater Herrschaft, insbesondere der Drogenwarlords, über die sich der Westen Schutz vor den Taliban erkaufe, während das Drogengeschäft unangetastet bleibe. Hier betont Hörstel auch Deutschlands Beteiligung.

Der Autor beendet das Kapitel mit dem Hinweis auf die von ihm entwickelten Pläne, je einer für Afghanistan und Pakistan, die zur gleichen Zeit parallel umgesetzt eine Lösung für die Hindukusch-Krise böten. Dabei verweist er auf seine anfängliche These, dass die Schicksale beider Länder eng miteinander verbunden seien und es keine Einzellösungen geben könne. Dies begründet er durch die Existenz des grenzüberschreitend angesiedelten Paschtunenstammes, der ohne einheitliches Vorgehen auf beiden Seiten der Grenze nur schwer kontrollierbar sei.

Im Anschluss folgt ein Kapitel, indem der Autor sich mit der Argumentation der Bundesregierung in Bezug auf den Afghanistaneinsatz befasst. Hierbei zitiert er sieben Aussagen der deutschen Regierung, die er als nicht zutreffend ansieht und führt Argumente an, die diese Aussagen widerlegen.

So reagiert er auf die Äußerung der deutschen Regierung, der Afghanistaneinsatz sei eine Aufbaumission, indem er die Entwicklungshilfe als schlecht durchgeführt bezeichnet, da sie sich letztendlich nicht an den Interessen der Afghanen orientiere.

Auch das öffentlich erklärte Ziel der Regierung, den Aufbau einer afghanischen Demokratie zu fördern, kritisiert er und verweist auf die offensichtliche Korruption und die Wahlfälschungen vor Ort.

Dem Legitimierungsversuch, der Einsatz sei von der afghanischen Bevölkerung gewünscht, widerspricht Hörstel, indem er feststellt, dass „Bomben auf Zivilisten, […] Uranwaffen […], willkürliche Verhaftungen oder Folter"[8] keinesfalls im Interesse der Afghanen liegen könnten. Stattdessen müsse der Fokus auf strategische Entwicklungshilfe gelegt und das militärische Engagement verringert werden.

Der darauf folgenden Aussage, der Terror müsse in Afghanistan bekämpft werden, um ihn von Deutschland fernzuhalten, begegnet Hörstel mit der Feststellung, die USA förderten im Geheimen die Taliban und Al-Qaida und so seien auch deutsche Geheimdienste in die Terrorvorkommnisse in Deutschland verwickelt.

---

[8] Hörstel (2010), S. 24f.

Auch erkennt der Autor das Argument der Bündnisverpflichtung Deutschlands nicht an. Erstens sei die NATO ein Defensivbündnis und zweitens begehe sie am Hindukusch Verbrechen wie die Verwendung von Uranwaffen – die Beteiligung hieran könne nicht durch Bündnistreue gerechtfertigt werden.

Diese genaue Untersuchung einzelner Regierungsaussagen schließt der Autor mit einem Zitat Guttenbergs ab, das davon zeugt, wie der Begriff „Krieg" für die Zustände in Afghanistan lange vermieden wurde. Hörstel verurteilt dieses Vorgehen scharf.

Das vierte Kapitel ist wiederum ein Grundlagenkapitel, in welchem sich der Autor näher mit Uranwaffen beschäftigt, die die USA am Hindukusch einsetze. Er erklärt hier die Funktionsweise dieser Waffen und die Folgen, die ihre Verwendung habe. Diese werden bereits durch den Titel des Kapitels „Uranwaffen – der stille Genozid"[9] deutlich.

Obwohl Deutschland diese Waffen nicht verwende, sei es dennoch Mitwisser und als NATO-Mitglied indirekt an diesem Vergehen beteiligt. Hörstels Erklärung für den Gebrauch dieser Waffen angesichts der nicht gegebenen Notwendigkeit ist, dass dieser Genozid am Hindukusch vorsätzlich geschehe.

Im fünften Kapitel, liefert Hörstel Hintergrundinformationen zum deutschen Afghanistaneinsatz im Kundus, wobei er im Detail auf das Bombardement vom 4. September 2009 eingeht, bei dem unter deutscher Führung 142 Menschen zu Tode kamen. Diesen Teil gliedert er in vier Abschnitte, die Vorgeschichte, den Anschlag an sich, die politische Bewertung und ein Fazit. Nach der Beschreibung von Vorgeschichte und dem Bombenanschlag an sich, nimmt der Autor eine Bewertung vor, wobei er auf die Wissensstände der Regierung, die Verfehlungen der NATO und den grundsätzlichen „Systemfehler in Afghanistan"[10] eingeht. Zusammenfassend erkennt der Autor den entscheidenden Systemfehler im Verhältnis zwischen Militär und Entwicklungshilfe. Letzteres müsse auf Kosten des Militäreinsatzes verstärkt werden, um der Krise in Afghanistan erfolgreich zu begegnen.

Der Titel des folgenden Kapitels bezeichnet Obamas Vorgehen am Hindukusch als Verlierer-Strategie und besteht aus einem offenen Brief, den der Autor im Dezember 2009 anlässlich einer Mandatsverlängerung an den Bundestag und die Regierung versendete.

Hierbei legt Hörstel dar, dass das öffentlich benannte Ziel der Terrorbekämpfung am Hindukusch ein Vorwand sei, den die USA für die Legitimation ihrer Afghanistan-Strategie benötigen würden. Die Existenz Al Qaidas werde von den NATO-Regierungen und allen voran Obama als Kriegsargument missbraucht, tatsächlich fehle für einen derartigen Einsatz jedoch

---

[9] Hörstel (2010), S. 27.
[10] Hörstel (2010), S. 45.

die Zustimmung der afghanischen Bevölkerung, deren nationales Recht damit untergraben werde. Der Autor plädiert in diesem Zusammenhang wiederum für die Fokussierung auf die strategische Entwicklungshilfe auf Kosten des militärischen Engagements.

Im darauffolgenden Kapitel, welches das letzte zum Thema Afghanistan ist und insgesamt den größten Umfang besitzt, stellt der Autor eine von ihm entwickelte Exit-Strategie für Afghanistan vor. Seine Argumentation gliedert sich hierbei in fünf Abschnitte, in denen er sich mit den Voraussetzungen für ein solches Vorgehen, der Vorstellung eines Pilotprojektes samt Disengagement-Plans, der Strategisierung der Entwicklungshilfe, der Provinz Kundus und abschließend mit häufig gestellten Fragen, Problemen und Reaktionen auf seine Strategie beschäftigt.

Seine Exit-Strategie ist die des „geordneten, konstruktiven Disengagements"[11], wobei er betont, dass dies nicht mit einem unverzüglichen Abzug der Bundeswehrtruppen gleichzusetzen sei. Dies schädige die deutschen Beziehungen sowohl innerhalb der NATO als auch im europäischen Kontext.

Hörstel betont die Notwendigkeit der Berücksichtigung aller afghanischen Gruppen und zeigt in diesem Kontext die Interessen der Taliban auf, die in seine Strategie einbezogen wurden.

Seine Exit-Strategie setzt sich aus zwei Elementen zusammen, einem Pilotprojekt als Test des Verfahrens und einem Disengagement-Plan der die Strategie auf ganz Afghanistan anwendet. Deutschland käme bei der Umsetzung eine zentrale Rolle zu, da der Autor hofft, bei seiner eigenen Regierung am ehesten Unterstützung zu finden.

In einem dreistufigen Prozess sollte im ersten Jahr die Befriedung und damit das Ende der ISAF/OEF-Aktivitäten bei gleichzeitiger Investition in die Entwicklungshilfe stattfinden. Im zweiten Jahr gehe es um die Demokratisierung, allerdings nach afghanischen Vorstellungen, um im dritten Jahr mit der Souveränisierung den Abzug aller Truppen einleiten zu können.

Da Hörstel die unter deutscher Aufsicht stehende Provinz Kundus als geeignet für ein Pilotprojekt ansieht, zeichnet er ein Bild der Provinz, indem er historische, geografische und ökonomische Fakten darstellt und auch auf Unsicherheitsfaktoren in dieser Region eingeht. Zu letzteren würden das korrupte Rechtswesen und die herrschenden Drogenwarlords zählen, mit denen kooperiert werden müsse, weshalb gegen den Opiumhandel kaum vorgegangen werde.

Abschließend gibt der Autor Antwort auf Fragen, die als Reaktion auf seinen Friedensplan häufig gestellt werden würden. Grundsätzlich stellt er hierbei fest, man könne den Taliban das in seiner Exit-Strategie vorgesehene Vertrauen durchaus entgegenbringen.

---

[11] Hörstel (2010), S.54.

Die Einschätzungen dieses Abschnitts liegen in eigenen Erfahrungen des Autors begründet. In einem nächsten Schritt geht Hörstel auf Unzulänglichkeiten seiner Strategie ein. Er benennt hierbei das Problem, dass weder seitens der NATO noch innerhalb des afghanischen Widerstandes ein einstimmiges Interesse an einer Veränderung des Status quo bestehe und verweist auf den Drogenhandel vor Ort. Dennoch sieht der Autor darin keinen Grund, seinen Plan nicht anzuwenden.

Diesem umfangreichen Hauptteil Hörstels sollen nun die zwei Hauptkapitel Berenskötters entgegengesetzt werden.

Das erste Kapitel widmet sich dem theoretischen Hintergrund, vor dem Berenskötter seine Fragestellung und damit auch die Aussage, dass Deutschlands Sicherheit am Hindukusch verteidigt werde, untersuchen wird.

Hierbei definiert er in einem ersten Schritt das Konzept nationaler Sicherheit am Beispiel Deutschlands. Traditionell verstehe man hierunter die Unversehrtheit deutschen Staatsgebietes, was bezogen auf den Afghanistankonflikt keinen Grund liefere, die nationale Sicherheit Deutschlands in Gefahr zu sehen – territorial ergebe sich hieraus kein Risiko. Als alternative Möglichkeit der Bedrohung nationaler Sicherheit nennt der Autor deshalb an dieser Stelle die Integration Deutschlands in drei Ordnungsstrukturen: die europäische, transatlantische und globale Ordnung. Das Sicherheitsdenken einer Nation sei an das Funktionieren dieser Ordnungsstrukturen gekoppelt.

Zur Ausführung dieses Gedankens wählt Berenskötter ein Unterkapitel, das sich aus konstruktivistischer Perspektive mit diesem Sicherheitsverständnis beschäftigt. Dazu fasst er zuerst die Grundthese dieser Theorie auf, dass jede Auffassung von Realität individuell konstruiert sei. Daraus schließt der Autor, dass auch die Identität einer Nation ein soziales Konstrukt sei und verweist auf Konstruktivisten, die davon ausgingen, dass mit der Erlangung einer stabilen Identität auch ein Sicherheitsgefühl entstehe und damit ein „Zustand der ‚ontologischen Sicherheit‘"[12].

Da Identität ein schwer greifbarer Begriff sei, müsse bei der Definition des eigenen Selbstbildes auf Normen und Wertungen zurückgegriffen werden. Diese würden Subjekten bei der Orientierung in der Welt helfen, denn sie würden unter anderem die Abgrenzung des eigenen Standpunktes von anderen und damit eine Positionierung ermöglichen.

Die Entwicklung und Bewahrung der nationalen Identität durch den Erhalt solcher Normen und Ordnungsstrukturen sei nicht zuletzt Aufgabe der Außen- und Sicherheitspolitik. Das

---

[12] Berenskötter (2011), S. 274.

Aufrechterhalten dieser Strukturen sei jedoch nicht alleinige Aufgabe der jeweiligen Nation, sondern sie erfolge in Absprache mit „externen Partnern"[13].

Auf diesen Aspekt geht der Autor in einem weiteren Unterkapitel ein, indem er sich mit dem Stellenwert internationaler Freundschaft auseinandersetzt.

Er stellt fest, dass sich die Identität einer Nation nicht nur in Abgrenzung von, sondern auch durch die positive Beziehung zu anderen definieren könne. Die freundschaftliche Beziehung zu anderen Staaten, wie sie etwa in Bündnissen zu finden sei, habe damit eine identitätsstiftende Wirkung und führe zum ontologischen Sicherheitsgefühl einer Nation. Dies beruhe auf der Tatsache, dass gemeinsame Werte, Normen und Weltanschauungen ein Zugehörigkeitsgefühl auslösen würden. Berenskötter bezeichnet dieses Phänomen als die doppelte Funktion der Freundschaft zwischen Staaten, denn sie führe einerseits zur Abgrenzung durch Bildung einer eigenen Identität und andererseits zur Anpassung durch den Wunsch nach Zugehörigkeit.

Im nächsten Schritt definiert der Autor den Begriff der Freundschaft als Kooperation, in die von beiden gleichwertigen Seiten investiert werden muss. So lägen auch solidarische Handlungen innerhalb dieser Freundschaft im eigenen Interesse, da damit das freundschaftliche Bündnis gestärkt werde, das schließlich zur eigenen ontologischen Sicherheit beitrage.

Bei der Freundschaft zwischen Nationen benennt der Autor internationale Institutionen als zentralen Faktor zur Stärkung der Beziehung. Diese würden nicht nur Raum für Austausch und Kooperation bieten, sondern auch die Möglichkeit, weitere Staaten für die eigene Ordnungsidee zu gewinnen.

Im letzten Teil der theoretischen Grundlage seiner Ausführungen setzt sich Berenskötter mit den Faktoren ontologischer Unsicherheit auseinander. Diesen Zustand zu vermeiden sei Aufgabe von Regierungen, denn instabile Ordnungen würden zwangsläufig zum Verlust der Orientierung einer Nation führen und damit zu einer Identitätskrise.

Der Ursprung einer Destabilisierung vertrauter Ordnungsstrukturen könne in der zuvor definierten Freundschaft zwischen Staaten begründet sein, was auf der Abhängigkeit untereinander basiere. Da diese Freundschaft ein Kooperationsprojekt sei, könne es immer wieder zu Konflikten kommen und es hänge von der Kompromissbereitschaft der Partner ab, ob sich aus einem solchen Konflikt ein Bruch in der Beziehung und damit ontologische Unsicherheit ergebe.

Nach diesem theoretischen Grundlagenkapitel wendet Berenskötter die Erkenntnisse daraus im Kapitel „Außenpolitik als Friedenspolitik" auf die an die Afghanistanmission gekoppelten Sicherheitsbedenken an.

---

[13] Berenskötter (2011), S. 276.

Hierbei wird zuerst der Zusammenhang zwischen der historischen Identitätsentwicklung Deutschlands und seiner westlichen Orientierung erklärt. Für den Autor steht fest, dass die transatlantische Beziehung ein wesentlicher identitätsstiftender Faktor für Deutschland sei. Es folgt ein Kapitel, das sowohl die amerikanischen als auch die deutschen Reaktionen auf die Anschläge vom 11. September 2001 zusammenfasst und damit begründet, dass Deutschland die Beteiligung am Afghanistaneinsatz als Akt der Solidarität als selbstverständlich einstufte.

Allerdings habe Deutschland diesen Einsatz stets als gemeinsames Projekt empfunden, was nach Berenskötters Analyse des Begriffs Freundschaft, bedeute, dass man als gleichrangiger Partner verstanden werde. Diese Auffassung habe man lange vertreten können, da Deutschland und die USA durch die Arbeitsteilung in OEF- und ISAF-Mission getrennt vorgingen. Dass man mittlerweile völlig unterschiedliche Auffassungen vom Ziel der Mission gehabt habe, wurde durch diesen Umstand überdeckt.

Vor diesem Hintergrund geht Berenskötter auf Unstimmigkeiten zwischen Deutschland und den USA ein, die sich im Irak-Konflikt entwickelten und durch die baldige Zusammenlegung von OEF- und ISAF-Mission auch in Afghanistan spürbar wurden. Die USA hätten Deutschland zunehmend unter Druck gesetzt, den militärischen Beitrag zu erhöhen – mit dem Vorwurf, Deutschland verhalte sich unsolidarisch. Gemeinsam mit der amerikanischen Kritik am deutschen Wiederaufbau habe dies das deutsche Selbstverständnis beeinträchtigt. Berenskötter bezeichnet dies als das Untergraben der ontologischen Sicherheit der Nation.

Genau wie Hörstel bezieht auch Berenskötter den Anschlag vom September 2009 als einschneidendes Ereignis im deutschen Kunduseinsatz in seine Überlegungen mit ein. Er bezeichnet ihn auf Grundlage seines theoretischen Rahmens als „neuen Höhepunkt ontologischer Unsicherheit"[14] und schließt seinen Hauptteil mit der Feststellung, dass die öffentliche Zustimmung für den deutschen Einsatz auf ein Rekordtief sank.

Im abschließenden Nachwort widmet sich Hörstel noch einmal der Kritik an Obama und der US-amerikanischen Regierung hinsichtlich der Hindukusch-Krise. Deren Vorgehensweise stellt er die Deutschlands gegenüber und kritisiert die deutsche Bundesregierung ebenfalls, er bezeichnet deren Politik als „politischen Betrug" und beschuldigt die öffentlich-rechtlichen Rundfunkanstalten der politischen Propaganda. Hierbei beschäftigt er sich ausführlich mit einer Umfrage, deren Inhalte er stark kritisiert.

Im Gegensatz dazu nutzt Berenskötter sein Schlusswort schlicht zur Zusammenfassung seines Argumentationsganges sowie der gewonnenen Ergebnisse, statt wie Hörstel neue Aspekte aufzugreifen. Abschließend gibt Berenskötter eine Einschätzung, ob es möglich sei,

---

[14] Berenskötter (2011), S. 293.

Deutschlands ontologische Sicherheit innerhalb des transatlantischen Gefüges wiederherzustellen: Dies hänge vom Ende des Einsatzes ab, wobei beide Nationen hierbei immerhin wieder ein gemeinsames Ziel verfolgen würden, nämlich den Abzug ihrer Truppen aus Afghanistan.

2.2 Vorgehensweise der Autoren

Zur Vorgehensweise der Autoren lässt sich nach der Untersuchung des Argumentationsganges feststellen, dass sich Hörstel und Berenskötter unterschiedlich an das Thema herantasten. Beide kritisieren den Einsatz, jedoch auf jeweils eigene Art und Weise. Hierauf soll in der Bewertung der Texte näher eingegangen werden.

Beide Autoren präsentieren in ihren Ausführungen zum deutschen Afghanistan-Einsatz neue Erkenntnisse. Hörstel weist bereits in seinem Vorwort darauf hin, dass dies das Ziel seiner Publikation sei, um Gleichgesinnten Grundlage für eigene Stellungnahmen zu bieten. Er betont die Notwendigkeit einer gemeinsamen Strategie für Afghanistan und Pakistan, die nur parallel aufeinander abgestimmt eine Lösung für den Hindukusch bieten könnte. Darüber hinaus informiert er die Leser, dass die NATO-Truppen mit den Drogenwarlords vor Ort zusammenarbeiten würden, um sich Schutz vor den Taliban zu erkaufen. Diese Information belegt er mithilfe eigener Erfahrungen und dem Insiderwissen seiner Informanten.

Weiterhin berichtet Hörstel von verschiedenen Vertrauensebenen der USA, durch die sie ihre Informationen innerhalb des NATO-Bündnisses teilweise zurückhalten und nicht alle Bündnispartner in ihre Pläne einweihen würden.

Berenskötters neue Erkenntnis lässt sich bereits aus der von ihm gewählten Fragestellung ableiten – er gibt Hinweise dafür, dass die Ursache der deutschen Bedrohung eher in der deutschen Bündnissituation und der Beziehung zu den USA statt am Hindukusch läge.

Neben diesen neuartigen Ergebnissen gibt es außerdem Schlüsselwörter, die die Autoren häufig verwenden oder die im Mittelpunkt ihrer Ausführungen stehen. Hierbei wird die unterschiedliche Schwerpunktsetzung der Autoren deutlich.

Hörstel betont stets die Entwicklungshilfe, die zu Ungunsten der militärischen Aktivitäten ausgeweitet werden müsse, sowie die Zusammenarbeit der NATO mit der afghanischen Bevölkerung, die für das Gelingen eines Friedensplanes unumgänglich sei. Hierbei geht es ihm um das gesamte Volk Afghanistans, also sowohl um die zivilen Afghanen als auch um den Widerstand und somit auch um die Kooperation mit den Taliban.

Dem gegenüber sind die zentralen Begriffe Berenskötters eher wissenschaftlicher Natur, beispielsweise der der ontologischen Sicherheit, den er auf die Situation des Hindukusch-

Konflikts anwendet. In seinen Thesen spielen darüber hinaus die Begriffe Freundschaft und transatlantische Beziehungen eine wesentliche Rolle.

3. Bewertung der Texte im Vergleich

Die vorliegende Strukturanalyse lässt sowohl auf der inhaltlichen Ebene als auch in Bezug auf die Vorgehensweise der Autoren eindeutige Unterschiede erkennen. Besonders im Vergleich zu Berenskötters Herangehensweise wird deutlich, dass Hörstels Struktur weniger klar durchdacht ist. Diese Tatsache ist bereits im Vorwort zu erkennen, das Berenskötter zur Beschreibung seiner Vorgehensweise und der Fragestellung, die er für seine Argumentation gewählt hat, nutzt, während Hörstel direkt Thesen aufstellt und Stellung bezieht. Dadurch erscheinen seine Thesen wie Tatsachen, deren Inhalt nicht weiter geprüft werden muss.

Berenskötter verwendet einen klassischen Aufbau für seine Argumentation, er präsentiert zu Anfang seine Fragestellung, erklärt den theoretischen Rahmen seiner Ausführungen und definiert einzelne Bestandteile seiner Ausgangsthese, um im Anschluss Belege und Gründe, die seine Ausgangsthese stützen, zu liefern.

Hörstels Vorgehen erscheint in der Gegenüberstellung weniger strukturiert, denn er beginnt zwar ebenfalls mit einer Ausgangsthese, greift diese aber selten auf und argumentiert in mehrere Richtungen statt nur in die seiner These. So schiebt er beispielsweise ein Kapitel ein, in dem er sich mit Uranwaffen beschäftigt, um dann in einem weiteren Kapitel den Anschlag vom 4. September 2009 detailliert zu beschreiben. Hierbei geht es im Großen und Ganzen zwar um die Verfehlungen des Westens im Hindukusch-Konflikt, jedoch wird dieser beinahe vorhandene rote Faden wiederum durchbrochen, indem der Autor beispielsweise seinen offenen Brief an die Bundesregierung als Kapitel dazwischen setzt.

Es wird schnell deutlich, dass Hörstel mit seiner Monographie nicht das Ziel verfolgt, seine Leser durch eine abwägende Argumentation zu überzeugen, sondern er vielmehr seine Meinung präsentiert und diese durch einseitige Beweisführung unterlegt. Der Autor ist sich dessen auch bewusst, denn er richtet sein Buch, wie er im Vorwort ankündigt, an „alle Leser, die solche positiven Lösungen", wie die von ihm vorgestellten, suchen.

Zusammenfassend kann festgestellt werden, dass Berenskötters Argumentation zu einem von allen Seiten durchleuchteten Ergebnis führt, während Hörstels Ergebnis von Anfang an feststeht und er seine Publikation eher dazu nutzt, dem Leser noch zusätzliche Informationen anzubieten.

Im inhaltlichen Vergleich lassen sich Gemeinsamkeiten in der Argumentation aufgrund der völlig unterschiedlichen Herangehensweise der Autoren meist erst auf den zweiten Blick feststellen. Beide beschäftigen sich mit Deutschlands Rolle im transatlantischen Verhältnis im

Hinblick auf den Afghanistaneinsatz, jedoch ist diese bei Berenskötter fester Bestandteil der Argumentation, während Hörstel eher auf Verfehlungen der USA und Deutschlands im Einzelnen eingeht und diese nicht immer mit dem Verhältnis beider Länder zueinander in Zusammenhang bringt.

Bei beiden Autoren wird jedoch deutlich, dass sie die deutsche Bündnistreue im Vergleich zu den USA als unangemessen einschätzen. Deutschland leiste insgesamt mehr als es vom US-amerikanischen Partner zurückbekomme - dies wird sowohl in Hörstels Ausführungen zu den unterschiedlichen „Vertrauensrangstufe[n]"[15] der US-Geheimdienste, als auch bei Berenskötters Konzept der Freundschaft zwischen Staaten deutlich.

Weiterhin beschäftigen sich beide Texte mit der Aussage der Bundesregierung, man müsse den Terror am Hindukusch bekämpfen um ihn von Deutschland fern zu halten – und beide Autoren lehnen dieses Argument vehement ab.

Obwohl Berenskötter und Hörstel im Allgemeinen aufgrund ihrer jeweils eigenen Herangehensweise meist höchst unterschiedliche Formulierungen wählen, gibt es zudem Punkte, in denen sie ähnliche Worte finden. Beispielsweise, wenn es um den ehemaligen Verteidigungsminister Guttenberg und dessen Wortwahl in Bezug auf den Afghanistankrieg geht, den Hörstel als „zynische Wackel-Argumentation"[16] und Berenskötter als „Schlingerkurs"[17] darstellt.

Grundsätzlich bleiben weder bei Hörstel noch bei Berenskötter Begriffe unklar. Dies kann bei Hörstel daran liegen, dass er kaum fachspezifische Bezeichnungen verwendet, die einer Definition bedürfen. Berenskötter verwendet zwar wissenschaftliche Ausdrücke, definiert diese jedoch ausreichend. Allein der Begriff der ontologischen Sicherheit wird nicht explizit erklärt, aus dem Zusammenhang lässt sich die Bedeutung anhand seiner Ausführungen jedoch erschließen.

4. Schlussfolgerung

Neben der inhaltlichen und strukturellen Bewertung lässt sich auch ein persönliches Fazit aus dieser Rezension ziehen. Zu beiden Texten lässt sich im Allgemeinen sagen, dass sie neue Erkenntnisse zum Hindukusch-Konflikt liefern und diese auf ansprechende Weise präsentieren, wobei insgesamt jedoch der Artikel Berenskötters am überzeugendsten erscheint.

Der Aufbau seiner Argumentation ist logisch und durchdacht, wohingegen Hörstels Text unstrukturiert erscheint. Berenskötter versucht durch seine Argumentation die Ursache für

---

[15] Hörstel (2010), S.14.
[16] Hörstel (2010), S.26.
[17] Berenskötter (2011), S.293

deutsche wie amerikanische Fehlleistungen am Hindukusch zu erklären, während Hörstel diese Verfehlungen anprangern will. Dies ist auch am Schreibstil der Autoren zu erkennen, denn Berenskötter schreibt wissenschaftlich und überzeugt auf neutraler Ebene mithilfe von Fakten und theoretischer Grundlagen, während Hörstel journalistisch und leidenschaftlich schreibt. Es wird deutlich, dass seine Ausführungen auf eigenen Erfahrungen beruhen und er teilweise persönlich vom Geschehen betroffen ist. Deshalb ist auch sein Buch interessant zu lesen, denn der Leser erhält Informationen aus erster Hand beziehungsweise aus Hörstels Informantenkreisen. Da er jedoch häufig eigene Wertungen hervorbringt und seine Meinung beinahe zu stark vertritt, indem er kaum oder zu knapp auf Gegenargumente eingeht, erscheint seine Argumentation weniger glaubwürdig als die Berenskötters. Als Leser bekommt man schnell den Eindruck, Hörstel wolle um jeden Preis überzeugen. Eine neutralere Ausdrucksweise würde seiner Argumentation zu mehr Glaubwürdigkeit verhelfen – wobei dies wohl nicht im Sinne des Autors liegen würde, denn Hörstels Ziel ist ganz klar, seine Leser auf seine Art mit seinen eigenen Erfahrungen für seine Überzeugungen einzunehmen. Grundsätzlich liegt sein Fokus dabei sowieso weniger auf objektiver Analyse als auf der Vorstellung seines Friedensplans zur Lösung des Hindukusch-Konfliktes.

5. Quellen- und Literaturverzeichnis

Berenskötter, F., *Gefährliche Freundschaft. Der deutsche Einsatz in Afghanistan im transatlantischen Verhältnis*, in: Brummer, K./Fröhlich, S., *Zehn Jahre Deutschland in Afghanistan*, Wiesbaden 2011, S. 271-298.

Hörstel, C., *Afghanistan-Pakistan. NATO am Wendepunkt*, Berlin 2010.

SOAS University of London, *Department of politics and international studies. Felix Berenskötter*, 2007, online unter *http://www.soas.ac.uk/staff/staff53269.php*, eingesehen am 10.03.2014.

Wolf, T. *„Auch Taliban sind lernfähig"*, 27.01.2010, online unter *http://www.focus.de/finanzen/boerse/money-week-auch-taliban-sind-lernfaehig_aid_474340.html*, eingesehen am 10.03.2014.